Wolfgang Küpper (Hrsg.)

Wunderbare Weihnachtszeit

Wolfgang Küpper (Hrsg.)

Wunderbare Weihnachtszeit

Fotografie: Andreas Beck, Bildarchiv Rodrun/Knöll, Thomas Ebelt, Wolfgang Ehn, Rainer Erl, Claudia Fischer, Klaus G. Förg, Andreas Gassner, Thomas Grüner, Joachim Heller, Thomas Jungmann, Andreas Strauß, Bernd Römmelt und Ernst Wrba

rosenheimer

Inhalt

Die Verheißung

Wer lässt sich schon gern an sein verlorenes Paradies erinnern, an damals, als das Glück noch bei ihm zu Hause war! Wem die Zukunft abhanden kam, dessen Hoffnung ist ausgeglüht. Wie im alten Israel, das wehmütig von Isai träumte, dem Vater des großen Königs David. Und doch dämmerte von dieser zerschlagenen Dynastie noch ein Funke Hoffnung im gedemütigten Volk, die Verheißung des Jesaja, der versprochen hatte: »Ein Reis wird aus dem Stumpf Isais sprossen.« Dieses Reis, dieser kleine Zweig, sollte jenes große Friedensreich bringen, auf das die Menschen seit Urzeiten hoffen, jenes Friedensreich, in dem der Säugling arglos am Schlupfloch der Natter spielt, Kälbchen und Löwe einträchtig über die Wiese bummeln. Ausgerechnet aus dem alten, abgeholzten Baumstumpf Isai sollte dieser Erlöser kommen! Allein die Erinnerung an die strahlende Vergangenheit tat weh, denn von den gegenwärtig lebenden Leuten konnte keiner in diese Fußstapfen treten.

Und genau an diesem Punkt greift die neutestamentliche Botschaft die Verheißung des Alten Testamentes auf. Gott braucht keine Überfrauen und Strahlemänner, sagt diese Botschaft, ein kleiner Nachkomme des alten Isai genügt ihm. Genügt ihm, solange der Geist des Herrn auf ihm ruht. »Gerechtigkeit ist der Gurt seiner Hüften und Treue der Gurt seiner Lenden« heißt es bei Jesaja. Keine Titel, keine Würden, kein von und zu – nur Gerechtigkeit und Treue. So einfach ist das mit der großen Verheißung, und zugleich so schwer.

Drei Jahrtausende sind vergangen seit Jesaja. Doch gegenwärtig toben Kriege, haben Terroristen Hochkonjunktur. Jesajas Traum scheint ebenso ausgeträumt wie der Traum vom Großreich der Söhne des Isai. Und doch ist ein Stück von diesem Friedensreich immer wieder dort sichtbar, wo Menschen

Gerechtigkeit und Treue walten lassen; wo sie trotz ihrer eigenen Unzulänglichkeit anderen die Schuld vergeben, einen Traurigen ein Stück weit auf seinem Lebensweg begleiten; gut sind zu jemandem, der zu alt ist und zu schwach, um ihm das jemals wieder vergelten zu können. Und jedes Mal kann die Welt wieder ein Stück davon leben. Manchmal kann man in der Tat etwas ahnen vom Friedensreich Gottes.

Neues Leben

So eine Schwangerschaft, einmal akzeptiert, ist eine unumkehrbare Sache. Wie ein Zug, aus dem man nicht mehr aussteigen kann und der immer schneller rollt.
Am Ende steht unweigerlich eine Geburt.
So eine Schwangerschaft ist eine geheimnisvolle Sache, im Dunkel der Bauchhöhle wächst etwas heran, was der Schwangeren gehört, was sie aber nicht kennt.
Sie weiß nicht, wie das Kindlein aussehen wird. Sie weiß nicht, ob es ein schwerblütiger Mensch oder ein Bruder Leichtfuß werden wird. Sie weiß nicht, ob es ein gefährdeter oder ein behüteter Mensch werden wird.
Sie weiß auch nicht, ob das Kind dem Vater, der Mutter oder vielleicht dem Opa ähnlich sehen wird.
Mit jeder Geburt beginnt ein neuer Abschnitt Leben, und die Schwangerschaft ist die Zeit zwischen dem alten Leben und dem neuen Leben, wo in

der Dunkelheit der Bauchhöhle Neues entsteht.
Die Adventszeit lässt uns teilhaben an der Schwangerschaft der jungen Frau Maria, die sich eingelassen hat auf das Abenteuer mit dem Ewigen und die nun Gottes Zukunft im Leib trägt. Erst mit der Geburt wird Maria erfahren, wer da zu ihr gekommen ist.
Die Engel werden singen: Und Frieden auf Erden.
Wir Christen glauben, dass in der Geburt Jesu der Beginn von einem neuen Leben steckt: die zur Welt gekommene Chance auf Frieden. Und Jesus wird heranwachsen und diesen Frieden predigen und leben. Er wird ihn wachsen lassen in seiner Gemeinschaft, und er wird mit seinem Leben dafür einstehen.
Wir Christen glauben, dass diese Welt eines Tages fähig sein wird, Frieden zu gebären.

Josef

Auf den Bildern steht er immer etwas abseits. Womöglich mit einer Laterne in der Hand. Gütig und alt. Ein Mann ohne Leidenschaften. Scheinbar.
Ich spreche von Josef. Der Mann, der als Adoptivvater Weltgeschichte geschrieben hat.
Keine leichte Situation für einen Mann. Da ist er verlobt mit einem Mädchen aus untadeligem Hause. Ein solider Zimmermann mit einer soliden Zukunft.
Und plötzlich eröffnet ihm seine Freundin, dass sie ein Kind erwartet. Und er ist sich klar, dass das Kind von ihm nicht sein kann.
»Gott ist der Vater«, behauptet die Braut glücklich lächelnd, eine Ausrede, von der vermutet werden darf, dass sie auch in frömmeren Zeiten nicht besonders gut zog. Eine lebensgefährliche Situation für eine junge Frau im damaligen Palästina: Todesstrafe durch Steinigung war die Antwort der Gesellschaft auf eine uneheliche Schwangerschaft.
Die Bibel erzählt, dass Josef zunächst keineswegs kooperativ war, sondern im Gegenteil tief gekränkt. Er wollte Maria nicht mehr als Frau. Er plante, sich davonzumachen. Nichts wie weg. Er will nichts mehr zu tun haben mit der ganzen verworrenen Situation. Nichts mit einer Frau, die ihn so enttäuscht und gekränkt hat.
Die Bibel erzählt: Ein Engel begegnet dem Josef. Der bittet ihn, von seinen Plänen abzulassen und der Frau beizustehen. Und Josef beschließt, das Leben mit Maria und dem Kind, das Gott gehört, zu teilen.
Das wird nicht gerade ein leichtes Leben, aber ein erfülltes. Und der wahre Held der Geschichte ist der Mann Josef.

Heimat und Geborgenheit

So gern ich jemanden am Bahnhof abhole, so lästig ist es mir, einen lang ersehnten Menschen am Flughafen in Empfang zu nehmen.

Im Bahnhof fährt der Zug ein, dann öffnen sich die Türen und in wenigen Augenblicken kann man den Freund oder die Freundin umarmen. Am Flughafen muss ich mich zunächst vor einer langen Anzeige zurechtfinden, die darüber informiert, ob das erwartete Flugzeug schon gelandet ist. Auch wenn der Flieger längst angedockt hat, ist man von dem Ankommenden noch weit entfernt: Nach der Passkontrolle müssen die Passagiere erst einmal ihr Gepäck entgegennehmen. Im Münchener Flughafen ist es dann noch eine dicke Glaswand, die voneinander trennt. Man sieht sich, kann sich in die Augen schauen, und sich doch nichts sagen, sich nicht berühren. Erst dann, wenn die Zollkontrolle

geschafft ist, kann man sich in die Arme nehmen. Dann hat das Warten ein Ende.
Auch der Advent steht für Warten und Ankommen. Das sagt schon der Name. Und auch im Advent ist von Anfang an – wie durch die Glasscheibe am Flughafen – sichtbar, was wir erwarten. Die Erwartung hat für viele Erwachsene deshalb nichts Prickelndes oder Aufregendes mehr. Wir wissen, wie Weihnachten ist. Für kleine Kinder besteht noch die Ungewissheit, was das Christkind bringen wird. Aber heute? Selbst Geschenke, die man sich macht, sind oft schon abgesprochen. Worauf sollen wir also noch warten?
Vielleicht ist es mit Weihnachten ähnlich wie am Flughafen. Der, den wir da erwarten, ist uns zwar längst bekannt. Aber wie beim Warten auf einen alten Vertrauten, etwa die Ehefrau oder den Freund, kann sich eine Sehnsucht damit verbinden. Wir haben das Gefühl, wieder vollständig zu sein, empfinden ein Gefühl von Heimat und Geborgenheit. Weihnachten ist wie eine Umarmung. Ein Tag, der uns wieder einmal ganz spüren lassen möchte, dass wir eben nicht allein sind: weil Gott sich auf den Weg zu uns gemacht hat.

Der Himmel geht auf

Gründe, dem Himmel die Türen einzurennen, gibt es im Dutzend, wir trauen es uns nur nicht so recht. Die alten Israeliten hatten da mehr Mut. »Reiß doch den Himmel auf und steig herab, dass die Berge vor dir erbeben« herrschten sie ihren Gott Jahwe an. Anlässe, Erdbeben von ihm zu fordern, hätten auch wir: Erdbeben des Mitleids wegen der rund 30 Millionen Kinder, die in den Armenhäusern der Welt jährlich vor der Zeit sterben; Erdbeben des Zorns über die fanatischen Terroristen, die in Gottes Namen sich und andere in die Luft jagen; Erdbeben der Enttäuschung über mich, der mit seiner Schwäche immer wieder mitschuldig wird am Unheil in der Welt.
Doch vom Propheten Elija wird berichtet, dass Gott sich ihm weder im Feuer, noch im Sturm, noch im Erdbeben offenbarte, sondern in einem sanften, leisen Windhauch. Offensichtlich schätzt Gott die Methode Erdbeben nicht sehr. Er stützt sich nicht auf Menschen, die mit viel Getöse daherkommen.
Daher sind in unserem Leben nicht unbedingt die erdbebenhaften, großen Ereignisse wichtig, oft auch nicht einmal das mit Händen Greifbare, sondern die Bewegung in den tieferen Schichten unseres Seins. Ich soll mir in meinem Alltag bewusst sein, dass mein Handeln mitverantwortlich ist am Glück und Unglück der Welt. Und je mehr Menschen diese Verantwortung vor Gott annehmen, desto öfter geht der Himmel auf, geschehen Zeichen, die jedes Erdbeben in den Schatten stellen. Jedes Mal wird dann Zuneigung geschenkt und erfahren, geschieht ein Stück Menschwerdung, also das, was wir an Weihnachten feiern und worauf unser ganzes Leben zusteuert.

Schenken zu Weihnachten

In einer Fernsehsatire machen sich die Angehörigen einer Familie Gedanken darüber, was sie sich zu Weihnachten schenken wollen. Nachdem der Sohn darauf hinweist, dass ihm die Schwester bitte keinen Schal stricken möge, weil er die sieben Vorgängermodelle noch nicht getragen habe, meinen auch die anderen, man solle von der üblichen Schenkpraxis abrücken. Da ein anderer Sohn gerne zu Weihnachten verreisen möchte, einigen sie sich schließlich alle darauf, gegenseitig Geld zu schenken. Auch, wenn es dem Opa zunächst übertrieben erscheint, einen Fünfziger zu verschenken, stimmt auch er diesem Vorschlag zu. Jeder öffnet daraufhin seinen Geldbeutel, holt einen Geldschein hervor und gibt ihn dem anderen, nicht ohne dabei »Frohe Weihnachten« zu wünschen. Der Opa ergänzt noch die Bemerkung: »So viel hätte es aber nicht sein müssen.« Eine wunderbare, entlarvende Satire auf die »Schenkerei« zur Weihnachtszeit. Oft läuft es ja tatsächlich darauf hinaus, dass gleichwertige Gegenstände den Besitzer wechseln. Eine typische Bemerkung während der vorweihnachtlichen Tage ist dann etwa diese: »Das ist aber zu wenig, der hat uns doch letztes Jahr einen Toaster geschenkt.«

Ich habe im letzten Jahr damit begonnen, Gutscheine für Zeit zu verschenken. Ein Wochenende, eine Bergtour, ein Radlausflug, ein Rodelfahrt ... Zeiteinheiten von mir, die ich einem anderen schenke.

Nun kann man sagen, da verschenke ich lieber Toaster, den kauf ich und fertig. Zeit hab ich ohnehin keine. Aber mal ehrlich. Wie viel Zeit kostet es, durch Kaufhäuser zu laufen, um festzustellen, dass wieder nichts Sinnvolles zu finden ist. Wie viel Zeit kostet es, Christkindlmärkte zu durchforsten auf der Suche nach einer originellen Geschenkidee. Wie viel Zeit kostet es, Sachen, die wenig originell sind, wenigstens originell zu verpacken? Alles Zeit, die Sie verschenken könnten. Sie werden sehen, der Advent wird dann viel angenehmer. Vielleicht haben Sie dann sogar Zeit, sich auf das Wesentliche von Weihnachten vorzubereiten. Probieren Sie es aus, schenken Sie sich selbst. Oder glauben Sie, ein Toaster könnte Sie vertreten?

Mütter und Kinder

Zu allen Zeiten war Maria, die Mutter des Jesus, das Idealbild einer Frau. Sanft wurde sie gezeichnet, hingebungsvoll, demütig sich dem Willen Gottes unterwerfend.
In prächtige Kleider haben Künstler aller Zeiten sie gesteckt. Goldumrahmt. Ein Sinnbild für Mütterlichkeit. Ein Sinnbild für einen Menschen, der sein Leben Gott überlässt.
Aber ganz so einfach ist das nicht. Maria ist kein willenloses Gefäß.
Eines der wuchtigsten Revolutionslieder legt ihr die Bibel in den Mund. Mit dem Augenblick ihrer Schwangerschaft beginnt sie den Mund aufzumachen. Und sie lobt Gott als den Veränderer des Lebens. Den, der die Verhältnisse von Macht und Ohnmacht umkehren wird: »Er stürzt die Gewaltigen vom Thron und erhebt die Niedrigen, die Hungrigen füllt er mit Gütern und lässt die Reichen leer«, singt sie.
Als schwangere Frau beginnt sich Maria um die politischen Verhältnisse zu kümmern, so als ob sie mit diesem Kind im Leib plötzlich eine ungeheure Verantwortung spürt.
Die Verantwortung für das Kleine und Ohnmächtige in der Welt. Die Verantwortung für die Zukunft der Gesellschaft.
Und damit wird sie zur großen Schwester all der Mütter, die in dem Augenblick, in dem sie ihr Kind in den Armen halten, wissen, dass sie nicht nur sich selbst verantwortlich sind, sondern der ganzen Gesellschaft und der Zukunft der Menschen.
Denn jede Mutter steht für ein kleines Stück Verantwortung für die Welt und jedes neugeborene Kind steht für deren Zukunft.
Lasst uns also achten auf die Mütter und auf die Kinder.

Uhren Asmus Schmuck
Asmus
MAX JOSEF APOTHEKE

Zeit der Sterne

Der Advent ist die Zeit der Sterne. Leuchtend schweben sie über den Straßen und verwandeln manche Häuserfront in ein Lichtermeer. Der Fassadenschmuck erinnert daran, dass es – so steht es im Neuen Testament – ein Stern war, der den Hirten den Weg zum Neugeborenen Jesus gezeigt hat. Dass glitzernde Sterne eine ganze Jahreszeit prägen und als Zimt- und Christsterne oder als Sternwerfer an die leuchtenden Himmelskörper erinnern, dürfte aber noch mit etwas anderem zusammenhängen: Sterne sind Symbole der menschlichen Sehnsucht. Sie gehören zum Alltag, begegnen uns in jeder klaren Nacht, und sind uns doch ferner als alles andere. Gerade weil sie so weit weg sind, irgendwo in der Unendlichkeit des Alls, haben sie schon immer die Fantasie der Menschen beflügelt: »Gibt es vielleicht sogar Menschen dort?
Wesen wie wir, zu denen wir vielleicht sogar Kontakt aufnehmen könnten,

die uns vielleicht sogar besuchen könnten?« Bei manchen Menschen haben sich diese Fragen so sehr verselbstständigt, dass sie sogar daran glauben, dass außerirdische Wesen auf die Erde zu Besuch kommen. Der Glaube an UFOs ist weiter verbreitet, als manche meinen. Der Mensch will sich nicht mit seinen Grenzen zufrieden geben. Er blickt nach den Sternen, vielleicht in der Hoffnung, irgendwo möge eine Welt sein, die anders ist, die all das nicht kennt, was unsere Welt so mühsam macht. Wir Christen feiern in wenigen Tagen ein Fest, das sich von der Hoffnung so manches UFO-Gläubigen gar nicht sehr unterscheidet. Ein Außerirdischer, einer der schon war, bevor unsere Welt entstanden ist, kam, um dieser Welt einen Besuch abzustatten. Er kam als Kind, hat sich nicht nur als Gast gefühlt, sondern sein Leben über 30 Jahre mit uns geteilt. Im Gegensatz zu UFOs, die offensichtlich wieder genau so lautlos verschwinden, wie sie gekommen sind, hat er seine bleibende Gegenwart versprochen. Ein Raumschiff braucht er dazu nicht.

Ein Fest der Düfte

»Gott roch den lieblichen Geruch«, heißt es an manchen Stellen der Bibel, und gemeint ist der Geruch eines Pflanzen- oder Tieropfers. Manchmal könnte man zu der verwegenen Ansicht kommen, die halbe Welt sei unterwegs, um Opfer zu bringen. Überall nämlich riecht es, wenn auch nicht immer lieblich oder gut. Parfumwolken umgeben einen in der U-Bahn; in Taxis hängen Duftbäumchen mit Vanille-, Tannen- oder exotischem Aroma. Zederndufт ärgert Motten und verjagt sie aus Kleiderschränken. In die Toilette muss ein bergseefrischer Duftstein, in den Mülleimer etwas, was den Abfallgeruch vertreibt. Selbst die Geschirrspülmaschine soll zitrusfrisch vor sich hin riechen.

Gelegentlich werden manche Gerüche mit anderen bekämpft, die so viel besser nicht sind. Oder die alle miteinander ein wüstes Gemisch in der

Wohnung ergeben. Ein Kabarettist meinte einmal, dass manches zum Himmel stinken würde in unserem Land, wäre es nicht mit aller Gewalt zugeduftet. In der Bibel, im Neuen Testament, schreibt der Apostel Paulus seinen Freunden: »Von euch ist gekommen ein lieblicher Geruch« (Philipper 4,18). So angenehm sind sie für ihn gewesen. Die Menschen, die man gut riechen kann, die sind ein lieblicher Geruch. Man verbirgt gerne den Kopf an ihrem Hals, erahnt sie schon im Hausflur, träumt ihnen sehnsüchtig nach.

Weihnachten ist ein Fest der Düfte, ein heilsamer Rausch der Sinne. Warum nicht von Gott träumen, der wahrer Mensch geworden ist: um frischen Wind und Klarheit in unser Leben zu bringen, uns die linde Luft des Paradieses erahnen zu lassen und den Duft der ganz großen weiten Welt – bis in alle Ewigkeit.

Das Leben gewinnen

Das war doch hoch anständig von dem König David, nach seinen politischen Erfolgen nun auch einmal etwas für den Gott zu tun, dem er das alles verdankte. Deshalb wollte er ihn aus dem Offenbarungszelt in einen neuen, schönen Tempel umziehen lassen. Doch sein Plan wurde glatt abgelehnt. Nicht du bist es, der dich so groß und stark gemacht hat, ließ der Gott Jahwe dem König David sagen, sondern ich. Ich habe dich von der Herde weggeholt, ich habe dich siegen lassen über deine Feinde, ich habe dich zu dem gemacht, was du heute bist. Folglich kannst nicht du mir Sicherheit geben, sondern ich selbst werde mir ein Haus bauen – nicht aus Zedernholz und Steinen, sondern aus Menschen, die Hoffnung auf Gottes Rettungstaten wach halten.
Und David nahm die Durchkreuzung seiner Pläne an.

Ähnliches spielte sich bei einer jungen Frau namens Maria ab, der gesagt wurde, sie solle die Mutter des Messias werden. Einen Sohn solle sie zur Welt bringen, der zwar jedem Menschenkind gleiche, aber dennoch »Sohn des Höchsten« genannt werde, der Gottes Herrschaft in dieser Welt verkünden und zugleich gegenwärtig machen solle. Mit dem geplanten, ruhigen Leben an der Seite des Dorfzimmermanns Josef war es damit vorbei.

Solche Erfahrungen sind uns ebenfalls nicht fremd. Wer von uns musste nicht schon einige seiner schönsten Träume begraben? Wessen Ideale an der eigenen Schwachheit oder der seiner Mitmenschen zerbrechen, der kann darüber natürlich verbittern. Aber er kann diese Tatsache auch als einen Ruf Gottes nehmen, seinen Platz in der Welt neu zu überdenken. Er hat dann vielleicht einen Traum verloren, aber dafür das reale Leben gewonnen. Wer diesen Sprung über sich hinaus wirklich wagt, wird im Nachhinein immer wieder sehen, dass es sinnvoll war. Manchmal wird er sogar sagen können, »es war schön«, schöner vielleicht als das schönste Wolkenkuckucksheim.

Weg ins Licht

Seit einiger Zeit stelle ich mir manchmal die Frage: Was ist wohl das Letzte, was ich sehe, bevor ich sterbe, was ist wohl das Letzte, was ich höre, bevor mir Hören und Sehen vergeht?

Menschen, die an der Grenze des Todes noch einmal zurückgeschickt worden sind, berichten ja Erstaunliches von dort.

Man sähe das eigene Leben noch mal im Schnelldurchlauf. Man sähe sich selbst von außen, man würde die Schmerzen erneut empfinden, die man erlitten, aber auch die, die man anderen Menschen angetan hat. Und am Ende würde eine Art Versöhnung sich ausbreiten zwischen mir und mir. Und ganz am Ende würde man eine Lichtgestalt sehen, eine Art Führer auf dem Weg ins Licht, und der würde mein Leben heilen. Ja, solche Vorstellungen machen wir uns oder auch die gegenteiligen: Der Schmerz meines Lebens wird mir nicht genommen, und die Schuld wird nicht versöhnt. Dazwischen gibt es wohl nichts. Ich wünsche mir sehr, dass mein letztes Bild lichtdurchflutet sein möge.

Warten auf das letzte Bild.

Einem alten Mann in Jerusalem vor 2000 Jahren war eine Weissagung zuteil geworden: Bevor er sterbe, würde er noch den Erlöser der Welt sehen. Weiter nichts.

Simeon, der alte Mann, wird sich wohl tagtäglich vorgestellt haben, wann dieser Augenblick eintreten werde, und was seine Augen dann sehen würden.

Warten auf das letzte Bild.

Wie tröstlich: Das letzte Bild des Simeon ist ein Mensch. Neugeboren.

Was für ein Geschenk!

Es klingelt. Unsere Nachbarn stehen ein bisschen verzweifelt vor der Tür: Der Babysitter hat sie versetzt. Zwei kleine Jungs, ein und drei Jahre alt, sind zu hüten. Wir übernehmen die Aufgabe gern, bekommen Babyphon und Fläschchen in die Hand gedrückt. Der Abend verläuft relativ ruhig, bis unerwartet der größere, Korbinian, nach der Mama ruft. Was wird geschehen, wenn wir beide an seinem Bett auftauchen? Er kennt uns zwar, aber so vertraut wie die Eltern sind wir ihm natürlich längst nicht. Außerdem weiß er, wie der kleine Bruder, gar nicht, dass wir heute die Babysitter sind.
Wir laufen zu ihm hin, es ist bis auf einen Widerschein des Lichts im Gang dunkel in seinem Zimmer. Korbinian steht aufrecht in seinem Bett. Ich sage, so ruhig ich kann, unsere Namen – und erwarte wildes Geschrei. Korbinian sieht uns im Halbdunkel an und sagt: »Trinken!« Nachdem er einen ordentlichen Schluck aus seiner Flasche genommen hat, verlangt er: »Raus!« Ich hebe ihn hoch und hole ihn aus dem Bett. In meine Arme kuschelt sich vertrauensvoll ein schlafwarmes, dampfendes Kind.
Ich bin so gerührt, dass ich weinen könnte. Womit habe ich dieses Vertrauen verdient, mit dem der kleine Mann selig an meiner Schulter hängt? Mit nichts natürlich … es wird mir einfach geschenkt.
Am Heiligen Abend liefert sich Gott ein Leben lang den Menschen aus – wie ein kleines Kind, bedingungslos, ohne zu wissen, ob er einem auch trauen kann. Was für ein Geschenk! Man kann doch mit ihm und seinen menschlichen Ebenbildern nur behutsam umgehen, oder?

Es braucht Zeit

Kürzlich habe ich den Besitzer einer Baumschule kennen gelernt. Wir kamen ins Gespräch, und als ich ihn gefragt habe, ob er mit dem Jahr zufrieden wäre, meinte er, dass sich die Konjunktur immer auch auf den Verkauf von Ziersträuchern und Büschen auswirken würde. »Eines aber«, sagte er, »kommt unserem Geschäft zugute.« Ich war neugierig. – »Die Leute haben immer weniger Zeit. Früher, wenn sich ein junges Ehepaar einen Garten angelegt hat, dann sind sie gekommen und haben Bäumchen und kleine Sträucher gekauft. Heute wollen die Leute am liebsten schon meterhohe Bäume oder Büsche, die man nur noch im Hänger transportieren kann. Statt im Topf verkaufen wir heute viele Pflanzen in dicken Ballen. Und die sind dann natürlich entsprechend teurer. Die Menschen wollen einen Garten, der schon nach einem Jahr erblüht und Obst trägt, als wäre es ein alteingewachsener Park. Das lassen sich die Leute etwas kosten.« – »Und warum«, fragte ich neugierig, »haben die Leute heute keine Zeit, um das langsame Wachstum der Bäume abzuwarten?« Er lächelte mich an und meinte: »Haus, Familie, Garten ... das waren früher Dinge für die Ewigkeit, na ja, sagen wir mal bis zum Tod. Heute ist das Haus oft noch nicht ganz eingeräumt, da lassen sich die Paare schon wieder scheiden. Uns kann es recht sein, solange wir daran verdienen.«

Die Einschätzung des Baumschulbesitzers hat mich sehr nachdenklich gestimmt.

Er hat Recht. Geduldig und beharrlich einem Prozess zuzuschauen und erwarten zu können, dass sich etwas entwickelt, entspricht nicht dem Zeitgeist. Schnelle Aktionen und Reaktionen kennzeichnen selbst die Politik. Vielleicht hat es deshalb auch die Weihnachtsbotschaft schwer, verstanden zu

werden. Weihnachten ist kein Fest, an dem der Sohn Gottes in die Welt eintritt, um das Reich Gottes auszurufen und zu verkünden, was sich fortan alles ändern wird. Weihnachten ist das Fest der Geburt eines Kindes. Wir feiern nichts Fertiges, sondern einen Anfang, der freilich wie ein kleines Pflänzlein schon alles in sich trägt. Es braucht Zeit, bis sich sein Reich so entfaltet, dass der Satz »wie im Himmel, so auf Erden« mehr ist als ein frommer Wunsch. Der Anfang ist gemacht.

Weihnachts-stimmung

Wir Menschen sind schon arme Geschöpfe. Im Frühjahr plagt uns die Müdigkeit, im Sommer die Hitze, im Herbst der Nebel, und jetzt, kurz vor Weihnachten, plagen uns die Probleme gleich im Dutzend: Sind die Plätzchen gebacken, die Geschenke verpackt, ist der Braten eingelegt? Und wir seufzen: Die vorweihnachtliche Stimmung ist auch nicht mehr das, was sie früher einmal war.

Aber was hat man eigentlich unter einer solchen Stimmung zu verstehen? Schart man sich da um den Adventskranz, um dort die bis zum Einläuten des Heiligen Abends verrinnenden Stunden zu bebrüten und ab und zu neugierig nachzuschauen, ob schon eine schnuckelige kleine Weihnachtsstimmung ausgeschlüpft ist? Wie haben sich denn die Leute auf das Fest vorbereitet, die seinerzeit, als Jesus geboren wurde, im Mittelpunkt des

Cafe

Geschehens standen? Maria, die zukünftige Mutter, hätte wirklich allen Grund gehabt, in Vorfreude zu schwelgen und sich zu schonen. Nachdem sie indes gehört hatte, dass ihre Base Elisabeth schon im sechsten Monat schwanger sei, brach sie sofort auf und marschierte zu ihr ins Gebirge. Elisabeth war schließlich nicht mehr die Jüngste.
Als es schließlich bei ihr selbst soweit war, dass sie entbinden sollte, war auch der letzte Rest von Ruhe dahin. Sie saß auf der Straße, ihr Mann bettelte für sie um ein Bett und bekam letztlich gerade noch einen Stall. Von vorweihnachtlicher Stimmung konnte da wirklich keine Rede mehr sein. Die Vorbereitung auf die Geburt Jesu hat also absolut nichts zu tun mit gefühlsseligem Schwelgen in froher Erwartung. Da haben einfach ein paar Menschen genau das getan, was die jeweilige Situation von ihnen forderte. Sie haben zugepackt, wenn jemand Hilfe brauchte, und haben, als es ihnen selbst nicht gut ging, versucht, das Beste aus ihrer Lage zu machen. Damit waren sämtliche Vorbedingungen geschaffen, dass Gott Mensch werden konnte. Ganz schön nüchtern hört sich das an.
Diese Nüchternheit könnte uns von einem großen Erwartungsdruck befreien. Damit es Weihnachten werden kann, muss nicht der Braten weich, der Sohn brav und der Gatte ordentlich gebügelt sein. Gott braucht keine kunstsinnigen Inszenierungen, um die Bühne unseres Lebens zu betreten.

Geburt in der Garage

Manchmal frage ich mich, was wohl wäre, wenn die Menschwerdung Gottes noch ausstehen würde, wenn es also Weihnachten noch nicht gegeben hätte. Welchen Ort würde Gott heute für die Geburt seines Sohnes wählen? Wieder einen Stall? Selbst in Israel hätte er dann nicht mehr sehr viel Auswahl. Maria und Josef, wären sie heute auf Wanderschaft, würden wahrscheinlich gar keinen Stall finden. In Städten schon gar nicht, und auch auf dem Land muss man weit gehen, um Ochs und Esel zu begegnen. Auch eine Futterkrippe für das Neugeborene zu organisieren, würde die Heilige Familie vor größere Probleme stellen. Wo würde also Jesus heute auf die Welt kommen? In einem Bushäuschen? In einem verlassenen Fabrikgebäude? In einem zum Abbruch freigegebenen Haus oder vielleicht in einer leer stehenden Garage? Nachfolgende

Generationen, die sich diese Geburt vergegenwärtigen wollen, würden also nicht geschnitzte Hirten und Schafe unter den Christbaum stellen, sondern Autoreifen und Altölflaschen. Die Oberammergauer Krippenbauer würden nicht Schafe schnitzen, sondern Karosserien oder alte Felgen.
Manchmal braucht man solche Gedankenspiele, um sich wieder vor Augen zu führen, dass die Geburt in einem Stall alles andere war als eine romantische Hausgeburt, wie sie heute von alternativen Hebammen propagiert wird. Die Geburt im Stall ist das Gegenteil der Weihnachtsidylle. Sie verweist auf Flucht, auf Heimatlosigkeit, auf Armut. Aber gerade darin erweist sich ihre Größe. Ein Gott, der seinen Sohn nicht in einem Schloss zur Welt kommen lässt, ist kreativer, größer als einer, der das tut, was man ohnehin von ihm erwartet. Wenn auch Sie in den nächsten Tagen wieder ihre Krippenfiguren auspacken und zu einem heimeligen Ensemble gruppieren, dann denken Sie doch dabei auch an alte Autoreifen. Vielleicht verstehen Sie die Weihnachtskrippe besser.

Grenzen sprengen

Dem Herrn einen Weg in die Welt zu bahnen, das versuchten immer wieder Revolutionäre und Reformatoren. Doch aus den schwungvollen Aufbrüchen der Gründerväter wurden die Rechthabereien der Söhne, schließlich die Routine der Enkel, sodass zuletzt inhaltlich wieder alles beim Alten war. Dem Herrn einen Weg bahnen in die Welt, das ist demnach gar nicht so einfach, scheint die Grenzen dessen zu sprengen, was Menschen möglich ist. Es sei denn, man geht das mit einer solchen Risikobereitschaft an, wie vor gut 2000 Jahren Johannes der Täufer.

Auch er sagt: »Bereitet den Weg des Herrn, macht seine Straßen eben.« Aber er predigt nicht pauschal von Weltverbesserung, begnügt sich nicht mit dem Ritual der Taufe, lässt die Kirche nicht im Dorf, sondern geht mitten hinein ins große Leben, versucht dort etwas geradezubiegen, das in Unordnung geraten ist. Er geht an den Königshof, redet dem Herodes so lange ins Gewissen, bis ihn das den Kopf kostet. Wege bauen für Gott kann also eine gefährliche Sache sein.

Und doch kann Johannes der Täufer uns ein Vorbild sein. Denn bis zu seinem dramatischen Ende wirkte er auf viele Menschen ein: Die Tausenden, denen er vor dem König Herodes den Kopf wusch, die Bußtaufe spendete, die sind in der Bibel nur mit einem Halbsatz erwähnt, aber gerade die machten den Hauptinhalt seines Lebens aus, diese Jedermanns des Volkes Israel, halt solche Leute, wie sie auch uns heute wieder über den Weg laufen.

Das Wunder des Neuwerdens

Alte Ikonen zeigen, wie Jesus in einer Höhle geboren wird. Kein Stall steht im Hintergrund und gibt mühsam Schutz und Unterschlupf, sondern in eine Höhle hat sich die Heilige Familie zurückgezogen. Wie ein Symbol ist es: Es erinnert an die Mutterhöhle, in der wir alle einmal neun Monate geborgen waren. Hier haben wir abgewartet, bis wir ans Licht dieser Welt kamen. Hier haben wir uns im Verborgenen entwickelt und sind gewachsen.

Wer sich die Weihnachtsikonen mit der Höhle ansieht, den zieht es fast hinein in diesen dunklen Ort: Das Licht ist meist ein wenig schummrig, und warm ist es dort. Hierher sind die ersten Besucher, die Gottsucher gekommen, die Hirten, Menschen, die ein wenig schüchtern und zugleich staunend dastehen; verlegen vielleicht, weil sie sich für ihre Lebensumstände schämen, nicht mit sich und dem, was sie machen, zufrieden sind. Im Halbdunkel der Höhle fällt das gar nicht auf.

Und auch die anderen kommen zur Höhle: Einige wenige Mächtige dieser Welt kommen hierher, Suchende auch sie; sie suchen nach dem Sinn des Lebens, nach Weisheit, die die Welt geborgen sein lässt. Und die Mächtigen gehen hier in dieser Höhle in die Knie, werden demütig und ergriffen, weil sie spüren: Wir sind angekommen, daheim.

An Weihnachten bin auch ich eine Besucherin der Höhle: auf der Suche nach einem Ort der Geborgenheit, wo so ein schummrig gnädiges Licht auf mein Leben fällt; wo mein Leben gut ist, auch wenn ich mir manchmal zu klein vorkomme, nicht zufrieden mit mir selber bin. Ich bin auf der Suche nach einem Ort, wo es Antworten auf so viele Fragen gibt. Ich bin Sucherin nach dieser Höhle in meinem Leben, wo das Wunder des Neuwerdens in mir passiert, wo der Sohn Gottes in mir geboren werden kann.

Träume ernst nehmen

Träumer – das ist fast ein Schimpfwort bei uns. Wer kann es sich schon leisten zu träumen, wenn man doch mitten im Leben stehen muss?
Die Bibel sieht das ganz anders: Hier sind Träume oft die Nachhilfestunden Gottes für alle, die vor einem neuen Lebensabschnitt stehen und dabei die Gefahren nicht wahrhaben und verdrängen wollen. Am Tag gelingt das, doch mitten in der Nacht, wenn der Körper sich entspannt, dann steigen tief aus der Seele die Bilder hoch.
So wie bei Josef: Mitten in wirtschaftlich stabilen Zeiten und im blühenden und fruchtbaren Ägypten träumt er von einer lebensbedrohlichen Hungersnot. Er schüttelt sie nicht ab, die nächtlichen Bilder von verdorrtem Getreide und ausgemergelten Kühen, sondern warnt die Machthaber, strukturiert die Wirtschaftspolitik um und rettet so die Menschen seines Landes.
Der andere Josef, der Vater von Jesus, ist der zweite Träumer. Mitten an Weihnachten, als alles doch so schön sein könnte, ein Neugeborenes in den Armen von Vater und Mutter liegt und man eigentlich an Ruhe und Frieden denkt, da träumt Josef, dass ihn ein Engel warnt: Nimm das Kind und seine Mutter und flieh, denn der König trachtet dem Kind nach dem Leben! Und Josef lässt sich nicht einlullen von den friedlichen Tagträumen, sondern nimmt die Warnung ernst und rettet so den Retter der Welt.
Die Träume und Visionen nicht abschütteln, mit denen Gott uns Lebenswichtiges mitteilt, es könnte lebensrettend sein im neuen Jahr!

Zeit des Aufbruchs

Advent ist eine Zeit des Aufbruchs. Viele beschwerliche Wege werden zurückgelegt, damit das Ereignis der Geburt in Bethlehem stattfinden kann. Maria und Josef brechen auf, hochschwanger Maria, und sie wandern über die Berge nach Judäa.

Schon lange vor dieser Zeit sind in verschiedenen Teilen der Welt Könige aufgebrochen, weil ihnen durch die Sterne geweissagt war, ein großer König würde geboren. Und da haben sie sich an das Protokoll aller Herrscher gehalten: Man muss zu so einem Großereignis persönlich gratulieren.

Vielleicht hatten sie ja auch noch eine andere Hoffnung. Vielleicht meinten sie, jetzt werde das Regieren leichter. Da kommt einer, der uns zeigt, wie man den Frieden halten kann.

Was für ein schwerer Beruf ist doch das Regieren, wenn man es ernst nimmt: das Recht muss man hochhalten, das Geld zusammenhalten, den Frieden bewahren, Intrigen und Korruption entgegentreten, die Armut bekämpfen und auf die Gesundheit der Menschen achten. Und nun hoffen sie auf einen, der ihnen Lösungen anbietet, der Wege zeigt aus der unentwirrbaren Menge von Forderungen und Erwartungen.

Sie finden einen Säugling in einem einfachen Stall, zur Welt gebracht von einfachen Leuten, begleitet von Hirten und Tieren. Was für eine Enttäuschung. Kein Friedensplan wird präsentiert, kein Weltplan auf den Tisch gelegt, keine Strategie verhandelt.

Das ist ein Herrscher, der sich unter die Leute begibt, der seine Macht nur gebraucht, um zu helfen. Der mitten unter den Menschen lebt und den das später das Leben kosten wird. Später wird man sagen: Der hat Maßstäbe gesetzt.

Brief an das Christkind

Als Kind habe ich in der Vorweihnachtszeit einmal einen Brief an das Christkind geschrieben. Es handelte sich dabei um eine Auflistung all jener Dinge, die mein Herz damals höher schlagen ließen: eine Autobahn, eine Eisenbahn und dazu noch eine kleine Dampfmaschine.

Eine Möglichkeit, den Brief an die himmlische Instanz weiterzuleiten, war der Besuch des Bischofs Nikolaus. Ihm konnte man – zumindest war das in meiner Familie so – die Wunschlisten mitgeben. War die Liste bis zum Nikolaustag noch nicht fertig oder stellte sich im Nachhinein heraus, dass sie unvollständig war, so gab es noch eine zweite Möglichkeit: die Engelspost. Der adressierte Brief musste dazu nachts auf das Balkongeländer gelegt werden, und wenn er frühmorgens weg war, konnte man sich sicher sein, dass ihn ein Englein abgeholt hatte, um ihn direkt an das Christkind zu liefern. Ein Weihnachtsfest meiner Kindheit ist mir besonders in Erinnerung geblieben, vielleicht weil es mit einer großen Enttäuschung begann: Ich konnte kaum glauben, dass sich das Christkind so wenig an die von mir geschriebene Wunschliste gehalten hatte: Statt einer jener Eisenbahnen, wie sie gerade in der Vorweihnachtszeit in den Spielwarenhäusern herumfuhren, bekam ich einen Bausatz, also eine Eisenbahn aus lauter Einzelteilen. Hatte das Christkind bei dem ganzen Vorweihnachtsstress meine Liste nicht genau gelesen, habe ich mich damals gefragt.

So sehr sich der Weihnachtsglaube auch gewandelt hat, die Frage, ob das Christkind unsere Wunschlisten nur ungenügend zur Kenntnis nimmt, stellt sich auch heute noch so manchem Erwachsenem. Da sagt uns das Weihnachtsfest, dass es nun schon 2000 Jahre her ist, dass Gott auf die Welt gekommen ist. Und? Haben sich unsere Wünsche und Hoffnungen damit erfüllt, hat sich die Welt verändert? Hat das Christkind nicht Frieden verheißen? Warum also gibt es immer noch Krieg?

Was meinen Brief an das Christkind betrifft, so weiß ich heute, warum meine Eltern die Wünsche nur zum Teil erfüllt haben. Hätte ich eine Eisenbahn, eine Autobahn und eine Dampfmaschine bekommen, so wären all diese Dinge nur halb so viel wert gewesen. Mit dem Baukaustensystem habe ich noch nach Jahren gespielt, weil es nichts Fertiges war, sondern unendlich viele kreative Möglichkeiten in sich barg. Vielleicht ist es mit unseren sonstigen Wünschen an das Christkind auch so. Der Mensch gewordene Gott erfüllt nicht einfach Wünsche wie ein Verkäufer in einem Spielwarengeschäft. Er mutet uns Kreativität zu, lässt uns die Möglichkeit, Dinge nach unseren Vorstellungen zu gestalten. Auch den Frieden gibt es vorerst nur als Bausatz.

Advent oder das Warten

Das Leben ist ein langer, ruhiger Fluss, so hieß einmal ein Film. Das menschliche Leben im Bild eines fließenden Wassers von der Quelle zum Meer.
Oder wir vergleichen das Leben mit einem Wettlauf, mit einer Reise oder einem langen Weg.
Wenn wir an unser Leben denken, denken wir an eine Strecke, die es zurückzulegen gilt – vom ersten Schrei bis zum letzten Atemzug –, in wechselnden Geschwindigkeiten.
Christen glauben, dass das Leben eines jeden Menschen eine einmalige Chance ist, jede Biografie unverwechselbar, jeder Lebensweg unvergleichlich. Und mit dem Tod dann wird unsere diesseitige Existenz unwiederbringlich zu Ende sein.
Nicht alle Kulturen und Religionen denken so. Für Buddhisten und Hinduisten ist das Leben ein Rad der ewigen Wiederkehr, und die Menschen sind in einem ewigen Kreislauf unterwegs.
Das Leben eine Strecke, wo jede Minute unwiederbringlich zerrinnt, wie der Sand durch die Sanduhr, oder: das Leben ein Kreislauf, wo alles wiederkommt. Das sind ganz unterschiedliche Lebensgefühle.
Das Judentum und das Christentum haben das Leben als Weg erfunden und damit das Warten, das Hoffen, die Sehnsucht und die Spannung, wie wohl das Ende aussieht, wenn am Ende der Zeit die Filmrolle des Lebens abgelaufen ist: »The end«.
Die Christen haben den Advent erfunden, dieses Symbol unseres Lebens im Schnelldurchlauf. Wir vergegenwärtigen uns im Advent, dass unser Leben ein Ziel hat und dass unsere Lebenszeit von Gott angefüllt wird. Bis er am Ende dann selbst diese Welt in Raum und Zeit betritt.

Macht hoch die Tür

Türen haben mich schon immer fasziniert, nicht nur die vom Adventskalender. Türen und Tore, der Eingang zu einem Haus, zu einer Wohnung, zu einem Stall, zu einem Schloss – sie trennen und verbinden Welten. Durch Tür und Tor entsteht ein Innen und Außen, ein Unterschied zwischen einem begrenzten, geschützten, inneren und einem freien, unumschränkten Raum draußen. Sie wecken Lust hineinzugehen und manchmal den Wunsch fortzugehen.

Manche Türen bleiben einem verschlossen. Es tut weh, hilflos vor ihnen zu stehen. Vor Türen, die der andere hinter sich zumacht als Zeichen dafür, dass er oder sie im Moment, für längere Zeit oder nie mehr Kontakt und Nähe will. Viele Frauen und Männer haben schon vor der Haustür des oder der Liebsten gewartet, haben bittere Tränen geweint, weil der geliebte

Mensch nicht öffnet. Man sieht Licht in seinen, in ihren Fenstern, der andere ist zu Hause. Aber er will von einem nichts wissen.

Kinder haben es gerne, wenn die Tür ihres Zimmers am Abend einen Spalt weit offen steht. Die Verbindung zu den Eltern bleibt so erhalten, und der warme Lichtschein zeigt, dass die Finsternis keine Macht über einen hat. Die dunkelste Zeit des Jahres ist der Advent. Mitten hinein fällt das Licht von Weihnachten. Für manchen fällt es klein aus, weil die Sorgen so groß sind. Mit guten Worten und mit adventlichen Klängen lassen sich solche Sorgen leider nicht einfach vertreiben.

Aber sie erinnern daran, dass das Licht von Weihnachten unauslöschlich scheint – mitten in der größten Dunkelheit und Kälte, manchmal durch eine nur einen Spalt weit offene Tür. Wenige Türen sind es noch im Adventskalender, bis sich die eine, große zum Heiligen Abend öffnet. Sie wird den Blick freigeben auf den neugeborenen Gottessohn, der vom Himmel zur Erde gekommen ist, der Welten verbindet, Geborgenheit gibt und Freiheit schenkt. Wir werden vor der Tür zu dem göttlichen Kind stehen und können gewiss sein, dass sie ein Leben lang offen steht.

Der Anfang des Tages

Den Damen und Herren vom jenseitigen Blick, den Wahrsagern, blüht der beste Weizen mitten im kalten Winter, denn einen Großteil ihres Jahresumsatzes tätigen sie in diesen Wochen. Über dem züngelnden Feuer der Zukunftsangst kochen sie ihre Klientel nach allen Regeln ihrer Kunst ab, um sie anschließend auszunehmen wie eine Weihnachtsgans. Vor diesem Hintergrund berührt es einen schon seltsam, dass im Advent Abschnitte aus den Evangelien zitiert werden, die davon erzählen, dass die Menschen vor Angst vergehen in der Erwartung der Dinge, die auf sie zukommen werden. Leicht verblüfft fragt sich da der Fromme, ob auch Jesus sein Süppchen auf demselben Feuer sieden wollte, das unseren zeitgenössischen Propheten so dienlich ist! Doch genau das Gegenteil ist der Fall. Er sagt, dass »die Völker« voller Angst sein werden. Als »die Völker« bezeichneten die alten Israeliten die Heiden, und das wurde auch im Neuen Testament übernommen. Wer nicht an Gott glaubt, so heißt es dort, der ist möglichen Katastrophen hilflos ausgeliefert, dem jagt das heillose Angst ein, was dem Glaubenden ein sicheres Zeichen des kommenden Heils ist. Für den einen wie für den anderen wird der Himmel brennen und das Meer überschäumen, doch der Glaubende hat Grund, sich mutig aufzurichten, denn sein Leben hat Zukunft.
Folglich müssen Katastrophen in unserem Leben nicht unbedingt das letzte Wort haben, sondern können den Weg frei machen für einen Neubeginn. Wessen Lebensentwurf scheitert, wem der Partner stirbt oder wer verlassen wird, für den stürzen Welten ein. Und doch ist auch in solchen Fällen die menschliche Erfüllung nicht ein für alle Mal gestorben, kann das Glück einen neuen Namen bekommen. »Die Mitte der Nacht ist der Anfang des Tages« wussten die Alten. Auch wir dürfen darauf vertrauen.

Das ist Weihnachten

Er sitzt an seinem Lieblingsplatz, und plötzlich ist ihm zu kalt. Schlimm, wenn jemand dumme Scherze darüber macht. Er will doch einfach als Familienmitglied ernst genommen werden. Nicht bloß der Körper, auch die Seele braucht jetzt Pflege. Am besten, man geht behutsam mit ihm um, gibt ihm die Streicheleinheiten, die er für sein Selbstvertrauen braucht. Sein Minigehirn registriert jede liebevolle Geste. Und das höchste der Gefühle: ein- oder zweimal ein lauwarmes Bad täglich. Das steigert die Stimmung und nach ein paar Wochen ist der ganze Stress vergessen.
Von wem ich da rede? Na, von einem Wellensittich in der Mauser natürlich. So, wie ich es gerade beschrieben habe, soll man ihn behandeln, wenn er Federn lassen muss. Das jedenfalls empfehlen Vogelpsychologen den Besitzern der Tiere. Beneidenswert, der Vogel mit solch klugen Psychologen. Aber auch ohne das Vorbild eines Wellensittichs zu Hause kann man es lernen: liebevoll und zärtlich mit sich und anderen umzugehen, Gefühle zu respektieren und einander Erholung zu gönnen.
Weihnachten ist das Fest, an dem Gott so richtig Mensch wird – warum nicht sich selbst verwöhnen, wenn keiner für einen da ist? Festliche Musik hören, in Kerzenflammen schauen, ein Buch oder noch einmal die Weihnachtsgeschichte lesen, ein Bad nehmen, sich wie ein Baby in eine warme Decke hüllen ... mit allen Sinnen spüren, dass der Himmel die Erde berührt und Gott hautnah ist. Das ist Weihnachten.

Silvester

Aufgeregt und ganz zappelig ist sie: Es ist das erste Silvester, an dem sie aufbleiben, zusammen mit der Mutter feiern darf, ganz wie eine Erwachsene. Seit Tagen schon stickt sie an einer Tischdecke: »Sylvester« steht drauf – mit »y« geschrieben, was macht das schon.
Morgens gehen sie einkaufen: Salzstangen, Orangensaft und andere Leckereien. Am Regal mit all dem bunten Feuerwerk darf sie sich ein Tischfeuerwerk aussuchen, und eine Packung zum Bleigießen kommt auch noch mit.
Abends liegt dann die gestickte Decke auf dem Wohnzimmertisch, ganz fertig ist sie nicht geworden, dafür hat sie noch zwei Tischkärtchen geschrieben: »Mama« steht auf einem und ihr eigener Name auf dem anderen. Der Orangensaft steht in dem feinen Sektkelch vor ihr, sie spielt selbstvergessen und glücklich mit den Figuren, die sie aus dem Blei gegossen haben. An Mitternacht explodiert das Tischfeuerwerk mit einem »Plopp«, es regnet Konfetti und eine Plastikuhr. Die beiden lachen viel an diesem Abend.
Heute, über 30 Jahre später, gehört dieser Abend zu einer ihrer schönsten Kindheitserinnerungen. Kostbar, weil sie weiß, dass es das erste Silvester nach der Scheidung ihrer Eltern war. Kostbar, weil sie damals gelernt hat, was Lebenskunst ist: Wer an der Schwelle zum Ungewissen steht, darf der Seele die unbeschwerten Augenblicke gönnen, die Gott zum Durchschnaufen schenkt.

Die Autoren

Susanne Breit-Keßler ist Oberkirchenrätin und Regionalbischöfin für München und Oberbayern der Evangelisch-Lutherischen Kirche in Bayern.
Von ihr stammen die Texte *Macht hoch die Tür* (S. 69), *Ein Fest der Düfte* (S. 33), *Was für ein Geschenk!* (S. 43) und *Das ist Weihnachten* (S. 74).

Pater Roger Gerhardy gehört dem Augustiner-Orden an und ist Direktor des Instituts zur Förderung publizistischen Nachwuchses e. V., der Katholischen Journalistenschule in München.
Von ihm stammen die Texte *Der Himmel geht auf* (S. 20), *Der Anfang des Tages* (S. 73), *Das Leben gewinnen* (S. 37), *Grenzen sprengen* (S. 57), *Die Verheißung* (S. 7) und *Weihnachtsstimmung* (S. 48).

Johanna Haberer ist Professorin für Christliche Publizistik an der Evangelisch-Theologischen Fakultät der Universität Erlangen.
Von ihr stammen die Texte *Advent oder das Warten* (S. 67), *Weg ins Licht* (S. 40), *Zeit des Aufbruchs* (S. 63), *Josef* (S. 15), *Neues Leben* (S. 11) und *Mütter und Kinder* (S. 26).

Petra C. Harring ist Kirchenrätin und Rundfunkbeauftragte der Evangelisch-Lutherischen Landeskirche in Bayern.
Von ihr stammen die Texte *Das Wunder des Neuwerdens* (S. 58), *Träume ernst nehmen* (S. 60) und *Silvester* (S. 76).

Max Kronawitter ist katholischer Diplom-Theologe, Journalist und Filmemacher in München.
Von ihm stammen die Texte *Heimat und Geborgenheit* (S. 16), *Es braucht Zeit* (S. 44), *Geburt in der Garage* (S. 52), *Schenken zu Weihnachten* (S. 23), *Brief an das Christkind* (S. 65) und *Zeit der Sterne* (S. 29).